A Joaninha Esnobe

Ilustrações da Freepik

ISBN 9786500766431

Dados Internacionais de Catalogação na Publicação

V658j Vieira, Marco – 1956
A Joaninha Esnobe / Marco Vieira – 1ª ed.

1. Ficção brasileira 2.Literatura Infantil
1. Título

CDD 028

Joana era uma joaninha muito esnobe, cada dia passeava com uma roupinha nova, todas com bolinhas. Ela era apaixonada por bolinhas. Tinha roupa azul com bolinhas brancas, vermelha com bolinhas pretas, preta com bolinhas brancas, enfim, com as mais variadas cores.

E lá vai ela toda exibida, mostrando a novidade do dia. Os cascudinhos e besouros comentavam:

– Como é assanhada esta Joana!

– Vive desfilando as roupas novas, só para se mostrar.

Mas ela nem se importava com os comentários, e caminhava com aquele ar esnobe, trajando vermelho com bolinhas pretas. Era muito egoísta, e para ela, a troca constante de vestidinhos alimentava sua vaidade, e o resto não lhe interessava.

Um dia, passou por uma cascudinha – dessas quando sente o perigo se enrola toda até ficar uma bola – e nem ligou. Pois a cascudinha Lili se enrolava assim, também para se proteger do frio, e falou para Joana:

– Dona Joana, a senhora que tem tantas roupas, dê uma para mim, estou com frio.

– De jeito nenhum, sua intrometida, meus trajes com bolinhas é exclusividade minha. Não cedo para ninguém.

E saiu ignorando a pobre cascudinha, que ficou tirintando de frio. Dois besouros assistiram a tudo, e ficaram indignados com a falta de solidariedade de Joana.

– Ora, já se viu – disse um deles – Joana tem tanta roupa, bem que poderia auxiliar a pobre Lili.

– É, tem razão, ela é muito egoísta e não se importa com ninguém. Devemos ser solidários, muitos precisam de tudo.

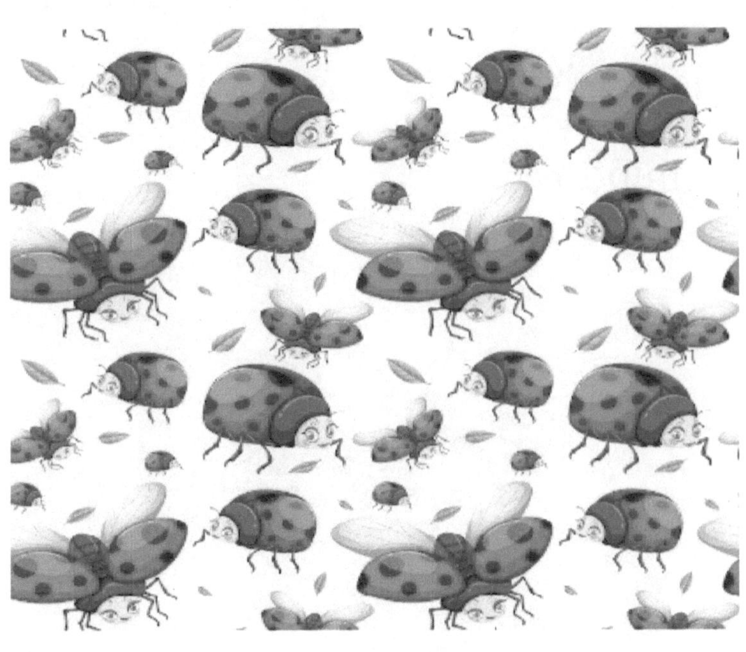

– Já sei, compadre, vamos dar uma lição na Joana, para ela aprender a ser benevolente.

– Como?

– É o seguinte: bzzzbzzzzbzzzz – sussurrou o besouro que teve a ideia.

E os dois saíram arquitetando o plano. Enquanto isso, ela passeava esnobando todo mundo.

Naquela noite, enquanto Joana dormia, os dois besouros entraram na casinha dela, e com dois pincéis e algumas latinhas de tinta, foram pintando todas as bolinhas da mesma cor dos vestidos. E assim fizeram com todos, de tal forma que todas as bolinhas desapareceram.

No outro dia, quando Joana foi se ajeitar para sair, ao abrir o roupeiro teve um susto:

– Que aconteceu!!!? – gritou indignada e espantada.

Todas as bolinhas de seus vestidinhos sumiram. Passaram a ter uma cor só.

Ficou triste e deprimida, pois sabia que não poderia mais se exibir para os outros. Ela agora estava igual a todos os cascudinhos, com roupas da mesma cor.

Os dias foram passando e Joana cada vez mais triste. Perdeu totalmente a vaidade e também o gosto pela vida. Andava cabisbaixa pelas ruas, que até os besouros, que aprontaram essa brincadeira, sentiram pena dela.

– Puxa compadre, já estou com dó da Joana. Não pensei que ela pudesse ficar tão triste assim.

– Acho que exageramos na dose – disse o outro besouro.

– Vamos contar a verdade para ela?

– É, tem razão, vamos até lá.

Procuraram Joana e explicaram como foi feita a brincadeira. Disseram a ela que a tinta sai lavando, e assim as bolinhas podem voltar a todos os vestidos. Mas acrescentaram que fizeram isso, porque não aguentavam mais ver ela tratar os outros bichinhos com desprezo e maldade.

Nem foi preciso falar. Daquele dia em diante, Joana mudou completamente, pois começou a tratar bem os cascudinhos. Passou a respeitar a todos e, acreditem, até uma formiguinha foi vista passeando com um vestidinho de bolinhas, presente de Joana.

Fim

O Autor

Oi amiguinhos, me chamo Marco Vieira, e gosto de escrever muito. Quando eu era criança fazia teatrinho com meus primos, para apresentar a outros amiguinhos na nossa rua. Era divertido, e sabem quem costumava escrever as estorinhas que apresentávamos? Eu mesmo. Já escrevia desde aquela época. No interior do livro tem desenhos legais, para vocês pintarem com as cores que quiserem. Espero que tenham gostado da estorinha da Joaninha Esnobe. Abraços a todos vocês.

www.ingramcontent.com/pod-product-compliance
Lightning Source LLC
LaVergne TN
LVHW041309150826
845673LV00008B/2810

* 9 7 8 6 5 0 0 7 6 6 4 3 1 *